Henry Joly

Le Problème criminel au moment présent

Essai

ISBN : 978-1981634392

10 9 8 7 6 5 4 3 2 1

Henry Joly

Le Problème criminel au moment présent

Essai

Table de Matières

Le Problème criminel au moment présent

Les nations ont souvent le tort de ne s'intéresser au problème militaire que le lendemain d'une défaite. Il est de même une partie du public qui, pour regarder au problème criminel, attend le jour où l'armée du crime sera devenue trop nombreuse, trop audacieuse, trop difficile à réprimer : or c'est là le cas incontesté de l'heure présente. Il a fallu un crime plus retentissant et une faiblesse plus inattendue pour qu'on agitât de nouveau ce problème qui est cependant de toutes les époques, comme ceux de la souffrance, de la misère et de la guerre.

Il est de toutes les époques, mais toutes les époques ne le comprennent pas de la même manière. Les conditions de vie de l'humanité changent : la structure sociale se modifie ; les espérances se déplacent ; des moyens d'action nouveaux font naître des illusions qui ne tarderont pas beaucoup à se dissiper, mais qui seront remplacées par d'autres. Périodiquement on s'imagine découvrir des méthodes qui avaient le tort d'être oubliées : on s'en engoue pour la troisième ou la quatrième fois, jusqu'à ce qu'on ait fait à son tour l'épreuve de leurs défauts et de leurs mérites. Il en résulte que, périodiquement aussi, on s'applique à démêler ce qui, dans l'objet des préoccupations contemporaines, est soit ancien, soit nouveau, et de les réajuster l'un à l'autre.

C'est évidemment cette tâche que Napoléon avait en vue quand il disait que le système militaire d'un peuple doit changer tous les dix ans. Il ne prétendait pas qu'on dût bouleverser tous les principes de la stratégie et de la tactique. Il entendait qu'à certains intervalles et sans jamais beaucoup attendre, chaque peuple devait compter et peser à nouveau toutes les données du problème militaire, comparer ses ennemis du jour à ceux de la veille, se rendre compte de leurs progrès comme de ceux de ses alliés, suivre d'année en année les modifications apportées aux moyens d'attaque ou de défense, puis, en conséquence, rectifier ses calculs, rectifier aussi, ses mouvements et les combinaisons de ses efforts. Dans le problème criminel avons-nous des données nouvelles ? Quelles sont-elles ? Que réclament-elles de nous ? Si les malfaiteurs ont de nouvelles armes contre nous, que faisons-nous de celles que nous avons ?

* * *

La première de toutes les données du problème criminel est ce que l'on appelle le mouvement du crime. Y en a-t-il un, et dans quel sens ? Puis, le mouvement total doit envelopper un certain nombre de mouvements partiels dont les uns s'accélèrent, dont les autres se ralentissent, et qui contribuent, les seconds comme les premiers, à modifier la signification de l'ensemble. Or, avons-nous ces données ? Oui, mais depuis un temps relativement restreint. La statistique criminelle n'existe véritablement chez nous que depuis 1825[1]. Fut-on plus criminel au XVIIIe siècle qu'on ne l'a été au XIXe ? Qu'est-ce qui l'emporte dans le siècle de Rousseau et de Voltaire ? Est-ce la douceur de la vie ? Est-ce l'égoïsme ? Est-ce le charme des manières et la complaisance mutuelle ? Est-ce l'emportement des sens déguisé sous des raffinements ingénieux ? Y avait-il alors plus d'hypocrisie que sous Louis XIV ou moins, et le peuple était-il plus résigné ou plus prêt à la révolte ? Et, pour parler de quelque chose de plus positif, volait-on ou tuait-on moins ou davantage ? Au fond, nous n'en savons rien, j'entends rien de précis, rien de sûr, rien de scientifique. On nous décrira bien tels ou tels milieux : on nous racontera bien telles ou telles crises. Ces descriptions et ces récits ne nous donneront pas plus de certitude sur l'état permanent des esprits, que la peinture des années de disette ne peut nous donner une idée précise de la situation normale, habituelle des paysans. Les données rigoureuses nous manquent également sur bien des faits sociaux qui, — nous pouvons aujourd'hui nous en rendre compte, — sont liés d'ordinaire au mouvement du crime. Nous avons de remarquables travaux sur les variations des prix, sur la densité de la population, sur les relations mutuelles des petits et des gros propriétaires. Mais établir toutes ces données avec des chiffres, comme le permettent les statistiques d'aujourd'hui, est impossible. Aussi, dans nos conjectures, qui varient beaucoup d'école à école, de parti politique à parti politique, serait-il plus sûr de remonter du présent au passé que de descendre du passé au présent. Par exemple, l'étude du présent nous montre qu'à peu près partout l'émigration des campagnes aux villes, l'augmentation de la population urbaine au détriment de la population rurale est accompagnée d'un accroissement de criminalité. Ne pouvons-nous en induire que, quand l'excédent de la population des campagnes était plus considérable, le crime était plus rare ? Mais cette donnée même est mêlée à tant d'autres, que le plus sage est finalement de s'abstenir.

Il en est autrement depuis bientôt cent ans, en France tout au moins ; non pas que tout y soit parfaitement clair et qu'on puisse lire les statistiques judiciaires avec autant de facilité que le cours de la Bourse complété par le prix de l'hectolitre de blé, le taux de l'escompte et celui du change. Il serait fort tentant d'établir des comparaisons de pays à pays et de dégager les lois de la criminalité européenne, en attendant qu'on trouve celles de la criminalité mondiale. On y doit tendre et on y arrivera probablement. Peut-être même peut-on entrevoir dès à présent quelques-unes de ces lois, — tout en se souvenant que le mot « loi » appliqué aux phénomènes humains et sociaux ne peut avoir absolument le même sens, la même portée que quand il s'applique aux mouvements des corps inertes. — Mais quelles précautions ne faut-il pas prendre ici ! En tel pays l'excès de densité de la population verra ses inconvénients diminués par une excellente organisation judiciaire et par la vigilance des associations privées. Ailleurs, le peu de densité de cette population sera compensé par des conditions toutes contraires ou par d'autres misères. Les modes d'appréciation, les méthodes de numération diffèrent : peu d'Etats comprennent la récidive de la même manière que leurs voisins. Tel peuple s'habitue à confondre ce qu'il y aurait intérêt à distinguer (les veufs et les divorcés, par exemple). En Belgique, on compte les infractions individuelles : et ainsi un homme qui a commis, dans le courant d'une même année, dix délits, a beau n'en rendre compte à la justice qu'en une seule comparution, il grossit le total criminel de son pays de dix unités. En. France, jusqu'à cette heure, l'homme jugé ne figurait que pour le nombre de jugements rendus contre lui ; et, pour chacun de ces jugements, on n'inscrivait que le plus grave des délits frappés. Un assassin passait en Cour d'assises : il était accusé en même temps d'escroqueries, de vols, de fausse monnaie, d'incendie : la statistique l'enregistrait comme assassin, et toutes ses autres infractions disparaissaient des statistiques [2].

Ce système pouvait, à la rigueur, faire valoir quelques raisons spécieuses. Qu'un criminel ait commis un seul crime ou plusieurs, ce n'est jamais, dira-t-on, qu'un membre de la collectivité de compromis, et cela ne présage rien contre les autres. Peut-être ! Mais on est en droit de répliquer : il y a toujours intérêt à connaître la vérité tout entière.

En premier lieu, il y a un intérêt tout particulier à savoir, par le nombre des infractions individuelles, si tel individu, compté comme une unité correspondante à l'unité du jugement décisif, n'était porté, — entraîné, disent certains théoriciens, — que vers un genre de méfait déterminé, ou si son acte le plus grave n'a été qu'un épisode dans une existence vouée à tous les désordres et à tous les genres de méfait, selon les occasions.

En second lieu, il est utile pour une société de savoir à quel point les méthodes de surveillance et de répression laissent à un malfaiteur le loisir de perpétrer à la suite les uns des autres toute une variété de délits plus ou moins dangereux. Instruits par ce surcroît de documentation, les rédacteurs de la statistique peuvent prouver ce dont on se doutait déjà, c'est-à-dire que les incendiaires, par exemple, débutent presque tous par la mendicité, le vagabondage et le vol.

Enfin, ceci doit calmer tout scrupule, ce calcul même, — s'il est fait comme il doit l'être, — donne seul les moyens de mettre en face des infractions isolées le nombre des récidives qui font monter le niveau apparent de la criminalité d'une région. En des pays voisins du nôtre [3], j'ai pu étudier tel arrondissement où, selon des témoignages précis et concordants, la moralité générale est bonne et où elle est plutôt en voie de s'améliorer encore : la criminalité légale n'en apparaît pas moins au premier abord comme relativement élevée. L'apparence vient de ce qu'il y a là un petit nombre de malandrins de frontière dont chacun collectionne des cinquante et cent condamnations. A eux seuls ils font pencher la balance du mauvais côté ; mais dans quelle mesure ? on doit pouvoir le préciser.

Si par hasard ces distinctions semblaient un peu subtiles ou compliquées, on n'en serait que mieux disposé, je pense, à considérer comme prématurées les comparaisons entre des États dont les systèmes de notation présentent de semblables différences. Si on ajoute que la vigilance de la police et la sévérité de la répression varient beaucoup de peuple à peuple, qu'ici la diminution signalée peut tenir à un relâchement de la sévérité publique, que là l'augmentation peut avoir pour cause un resserrement du frein nécessaire, certainement on sera dans le vrai. La science arrivera plus sûrement aux comparaisons désirables, si elle commence par faire patiemment l'étude de chaque nation en la considérant chez elle, dans son système propre de réactions où les influences malfaisantes et les causes de dépression, mais aussi les forces d'arrêt et les énergies reconstituantes peuvent se laisser ordonner en une formule particulière.

Cherchons donc comment se pose le problème pour nous, Français du XXe siècle.

* * *

La première de toutes les données du problème doit être cherchée dans le nombre et dans le nombre mouvant.

Il ne faudrait pas croire qu'il n'y eût ici qu'à se baisser pour ramasser des chiffres exacts et définitifs. Les sceptiques disent que, pour les savans, la statistique est l'art de préciser ce qu'on ignore : d'autres soupçonnent qu'elle pourrait bien être, entre les mains des pouvoirs publics, l'art de dissimuler ce qu'ils ne savent que trop. Les tableaux officiels poussent très loin les analyses. Pour qui sait s'y orienter et s'y retrouver, c'est un avantage ; mais voici une première difficulté qu'il faut résoudre.

Il y a les crimes et délits signalés, — à tort ou à raison, — objets de plaintes, de dénonciations ou de procès-verbaux, de la part du public et de ceux qui ont la double mission de le protéger et de le surveiller, je veux dire des hommes de police et des gendarmes. Il y a d'autre part les crimes et délits retenus et jugés par les magistrats. S'il y a désaccord, qui méritera le plus de créance et qui devra déterminer notre opinion, celui qui souffre des atteintes du délinquant ou celui qui se charge de le punir ?

En réalité, les deux comptes sont faits pour se compléter. Le ministère public ne peut entamer de poursuites et obtenir de condamnations que contre ceux sur qui pèsent des charges suffisantes. Or, souvent le voleur est inconnu alors que le vol ne l'est pas. Le volé, l'incendié, savent bien qu'ils ont été volés et incendiés. L'homme sur qui on a tiré un coup de revolver et qui est ramené blessé en son logis sait bien qu'il a été victime d'un attentat. Le gendarme qui est venu tout de suite et a constaté l'effraction, l'incendie ou la blessure, le sait bien aussi. Où sont les coupables ? Y a-t-il des présomptions suffisantes et suffisamment faciles à dégager contre celui ou ceux que l'on soupçonne ? Ici le ministère public peut hésiter souvent, et souvent il est obligé de s'abstenir. Les deux statistiques sont donc à consulter l'une et l'autre, et, l'on aurait grand tort de s'imaginer que le jugement suffise à nous faire mesurer exactement l'étendue de la criminalité d'un pays. Toutefois, pendant très longtemps on a paru croire que les juge mens avaient seuls une valeur probante. Tout au moins hésitait-on ; et quand M. Alexandre Yvernès voulait nous donner pour la grande Exposition de 1889 le résumé du mouvement criminel au cours du demi-siècle précédent, réunissait-il exclusivement, dans les colonnes de son tableau capital, les accusés et les prévenus jugés à la requête du ministère public : il négligeait tout le reste.

Ce tableau n'avait déjà rien de très flatteur. La colonne principale nous montrait que l'ensemble, parti de 237 par 100 000 habitants, était, en 1887, parvenu à 552 ; et les années saillantes, celles où le mouvement ascensionnel s'était plus particulièrement prononcé, avaient été les années 1847, 1853 et 1881. De 1887 à 1890 la montée continuait.

A partir de 1890, il y eut une rémission inattendue : elle dura jusqu'en 1900. On en fut tellement surpris qu'on y réfléchit. Cette diminution était-elle bien prouvée ? Plus précisément, pouvait-on croire qu'à la diminution des chiffres donnés correspondît une diminution réelle dans la criminalité du pays ? On avait plus d'un motif de réfléchir et de douter.

En dehors des crimes dits d'accident ou d'occasion, qui constituent des cas individuels, le flot des délits a surtout deux sources : la déviation précoce de la jeunesse mal encadrée, mal redressée, et la paresse découragée de ceux qui, se laissant mettre ou se mettant eux-mêmes en dehors des coopérations sociales, vivent dans le vagabondage et dans la mendicité.

Ce dernier genre de délit, appelé par le savant statisticien délit de paresse et misère, avait singulièrement augmenté. En 1838, il donnait par 100 000 habitants un coefficient de 16. En 1887, il donnait 85 : c'était une augmentation de plus de 500 pour 100. L'accroissement de la criminalité de la jeunesse n'était pas moins alarmant. Dans ce demi-siècle qu'on passait en revue pour le centenaire de 89, cet accroissement était de 140 pour 100 chez les mineurs de moins de 16 ans et de 247 pour 100 chez les mineurs de 16 à 21 ans. De 1889 aux dernières années du siècle, l'ascension ne se ralentit guère, et il y avait là de quoi effrayer tous ceux qui ne se dissimulent pas qu'à une criminalité précoce doit correspondre plus tard une criminalité tenace et difficile à réparer. En chiffres absolus, l'ensemble des crimes et délits des mineurs qui, en 1851, dépassait à peine 21 000, arrivait en 1891 à 36 000, et cependant la natalité baissait, le nombre des enfants nés Français restait stationnaire.

Devant ces deux fléaux, deux genres de mesures furent préconisées et essayées. Du côté du public, désireux de faire son devoir, on multiplia les œuvres, œuvres d'assistance, œuvres d'hospitalité, œuvres de patronage, œuvres de relèvement. Du côté de l'autorité, on se préoccupa de donner satisfaction à certaines tendances dites humanitaires, à déployer moins de rigueur soit contre les faiblesses des jeunes, soit contre la faiblesse des déshérités et de ceux qu'on appelait les invalides de la guerre des classes et de la lutte industrielle.

Passer en revue le premier de ces deux groupes de moyens de défense et en établir l'heureuse efficacité est véritablement superflu, d'autant plus superflu que le caractère dominant de cette belle efflorescence de charité a été la recherche intelligente des vrais besoins et l'emploi des méthodes scientifiques dans l'art de les apaiser. Gens du monde, — hommes et femmes, — économistes et financiers, moralistes, magistrats, avocats, heureux de faire un emploi nouveau de leur expérience professionnelle, se sont unis aux habituels représentants de la charité toute religieuse. Assurément ils n'avaient inventé ni la pitié, ni la bienfaisance, ni l'étude raisonnée des misères humaines, ni la collaboration toujours nécessaire des laïques avec l'un et l'autre clergé ; mais ils appliquèrent le tout, avec une attention renouvelée, aux misères dont nous parlons. C'est de là que sont sortis et le développement de l'assistance par le travail, et le développement des maisons hospitalières, et les comités de défense des enfants traduits en justice et les offices centraux des œuvres de bienfaisance et ces patronages qui, de 400 qu'ils étaient en 1850, étaient arrivés à près de 1 300 en 1896.

Venons à l'action publique. Elle avait beaucoup à faire. Elle fit quelque chose de bon pour l'adoucissement de certaines formes de la répression appliquées aux deux catégories extrêmes, à celle des jeunes coupables et à celle des vagabonds déjà vieillis. Elle fit passer dans la catégorie des moralement abandonnés, confiés à l'Assistance publique ou à la charité de certaines œuvres, un très grand nombre de ces enfants qu'elle poursuivait, arrêtait, voiturait dans ses véhicules pénitentiaires traînait dans la promiscuité de ses salles d'audience et finalement incarcérait de manière à les corrompre encore davantage. Elle se dit d'un autre côté qu'il devait y avoir des vagabonds intéressants ; que le seul fait de manquer de travail, de ressources et de domicile ne devait point passer nécessairement pour un délit [4]. Ces deux pensées étaient excellentes. Il a été établi dans la *Revue* [5], — on me permettra de le rappeler, — que l'assistance est une aide nécessaire de la véritable répression, — si surtout on entend le mot dans toute la largeur de son acception primitive. Seulement, pour que le mélange de l'une et de l'autre produise des résultats solides et durables, il faut plusieurs conditions. D'abord, il ne faut pas fermer les yeux systématiquement sur la réalité des méfaits qu'on essaie de guérir par un traitement plus doux. De ce que mille ou deux mille petits voleurs auront bénéficié d'une indulgence à coup sûr bien compréhensible, il ne faut pas oublier que les vols ont été réellement commis. Il importe toujours de les noter pour que le bilan moral de la nation soit exact et les avertissements complets.

Il n'est pas moins nécessaire que radoucissement ne se transforme pas en énervement et que les poursuites inévitables ne soient pas rendues par trop difficiles par les conditions que l'administration supérieure de la justice impose à ses agents.

Il faut enfin que, si on réduit le rôle de la répression, celui de la charité préventive ou réparatrice ne soit pas en même temps paralysé par les coups portés à la vie et à la liberté des œuvres. Ces difficultés ont-elles été résolues de manière à nous laisser une notion nette des données actuelles du problème ? A partir de 1896 et dans la petite période qui a suivi, y a-t-il eu un vrai ralentissement du mouvement du crime ? Je réponds : oui, en partie, et oui momentanément.

Oui, en partie ; car on ne peut nier que, de 1896 à 1900, le nombre des actes de violence et celui des actes de cupidité n'aient quelque peu diminué. Même en tenant compte des délits certains, mais restés impunis par impossibilité d'en découvrir les auteurs, la diminution, quoique très éloignée d'être ce qu'elle paraît dans certaines statistiques [6], n'en était pas moins réelle. Elle pouvait même prendre une importance et une valeur rassurante pour qui suivait une autre diminution, celle des suicides. Ici, en effet, apparaissait un symptôme qui était bien de nature, — s'il eût persisté, — à vaincre les scrupules de ceux à qui l'on reproche leur peu d'optimisme.

Le suicide est-il un crime ? Je ne parle ici, bien entendu, qu'au point de vue tout humain, naturel et social. Oui, disent les uns, car il atteste un fâcheux mépris de la vie humaine, la désertion ou l'oubli des devoirs de la société, et une disposition redoutable à employer des moyens violents. Non, disent les autres, et non seulement il n'est pas un affluent, mais il est un dérivatif du crime, car celui qui, en face de douleurs ou de difficultés dont il ne peut venir à bout normalement, aime mieux se tuer que d'en tuer un autre, est, à un certain point de vue, le contraire d'un criminel [7].

Cette partie du problème est très complexe. Sans doute il y a des natures énervées, découragées, impuissantes, qui aimeront mieux abandonner définitivement la lutte que d'y risquer de frapper autrui. Mais combien de ces tristesses inoffensives en apparence se laisseront aller tout d'abord à chercher des consolations dans des caresses ou des promesses également dangereuses, parce qu'elles sont également trop habiles à dissimuler pour un temps leurs conséquences : caresses de femmes, promesses de charlatans, d'exploiteurs, de monteurs d'affaires. Que de fois les uns et les autres ballotteront leurs dupes d'expédient en expédient et ne les laisseront succomber au désespoir qu'après avoir fait des uns ou des autres les auteurs ou les complices d'un vrai crime ! Puis, combien n'y a-t-il pas de révoltés qui, après avoir hésité entre les deux solutions, les réalisent l'une après l'autre ! Combien ne voyons-nous pas de ces jaloux et de ces emportés qui commencent par tuer et qui, aussitôt après, dirigent contre eux la balle qui leur reste, afin d'échapper aux travaux forcés ou à l'échafaud ! Il y a encore, nous le savons tous, des suicides causés uniquement par l'abandon, par le remords, par des désordres physiologiques dus à des habitudes alcooliques. Mais chacune de ces formes de la défaillance ne côtoie-t-elle pas le délit proprement dit ? Ne suppose-t-elle pas des suggestions coupables communiquées et acceptées ? Le suicide est donc un indice à suivre très attentivement de l'état pathologique d'une nation. La diminution qu'il accusait un instant après la diminution discutée dans les crimes et délits de violence, de cupidité, de vagabondage, était peut-être le plus significatif de tous et le plus rassurant... s'il eût persisté. On avait en effet le droit de dire : Est-ce que la misère n'a pas diminué ? Est-ce que les œuvres de charité intelligente n'ont pas dû avoir les résultats attendus ? Est-ce que des milliers de miséreux et de misérables n'ont pas accepté à temps la main secourable qui se tendait vers eux ? Et n'est-ce pas pour tout le monde un devoir de s'en réjouir ?

Soit ! mais à côté de la diminution réelle, il y a eu dans de plus larges proportions une diminution factice.

En ce qui concerne les mineurs, j'ai dit comment il y en avait eu une par les changements d'étiquette et par des changements de destination. Ces changements, je ne les regrette pas, étant de ceux qui les ont longtemps réclamés. Si l'Assistance à laquelle on confie les petits dévoyés est une véritable « assistance, » prenant tous les moyens nécessaires pour les intéresser à la vie, pour leur persuader que l'existence honnête et régulière a ses joies, pour les former à l'affection par la reconnaissance, pour leur rendre l'habitude des émotions saines et leur faire perdre l'habitude des autres, alors ce sera très bien, et on en retrouvera plus tard le bénéfice. La diminution du crime ne s'effectue pas toute seule par les forces de la nature individuelle abandonnée à elle-même ou sous des influences mystérieuses. Elle suppose qu'on s'est donné la peine d'y travailler et que ceux qui étaient restés debout ont soutenu ceux qui chancelaient. Mais s'il n'y a qu'un changement de dénomination appelant, par exemple, écoles de bienfaisance ou maisons de préservation ce qu'on appelait maisons de réforme ou de correction, — ces derniers mots avaient eu, eux aussi, dans l'origine, la prétention d'afficher une indulgence de bon augure ; — si grâce à cette rénovation peu compliquée on s'octroie la permission dangereuse de donner plus de liberté à ceux qui avaient abusé déjà de celle qu'ils avaient ; si, pour étendre le prétendu bienfait de cette méthode, on entasse dans les mêmes murs des bataillons d'adolescents ayant grandi un peu plus dans la corruption et ayant acquis un peu plus complètement l'expérience du mal, alors qu'aura-t-on fait ? On aura usé, on aura discrédité bientôt un mot de plus, et les pauvres sujets qu'on aura fait sortir pour quelques années de la statistique criminelle y rentreront sûrement après une série d'années qu'il y a lieu de prévoir assez courte.

Si, dans des vues systématiques ou pour sauver la face de la justice, on abuse des non-lieu, des simples avertissements et des sursis, on condamne ceux qui ne méritaient pas cette bienveillance à reparaître bientôt dans des conditions pires encore.

Si enfin on confond avec les vagabonds intéressants une trop grande quantité de ceux qui ne le sont pas, on encourage ces derniers à continuer leur existence de chemineaux ; en même temps, on se prive des moyens de retrouver tous les délits, tous les crimes peut-être qu'ils ont commis au cours de leurs pérégrinations et sous le couvert d'un voyage en zigzag à la recherche d'un travail... qu'ils prient Dieu de leur épargner. Bref, en tout cela, on allège le présent au détriment de l'avenir, comme les financiers qui allègent le budget de l'année en chargeant d'avance les exercices ultérieurs de combler les déficits et de payer les dettes... plus ou moins accrues.

Que ce soit là ce qu'on a fait pour les vagabonds, personne n'en doute. Les hommes compétents n'ont pas manqué de dénoncer en temps utile d'étranges circulaires comme celle d'un procureur de la République de Paris en juillet 1897. Avant cette circulaire, — qui fit école, — le fait de se trouver sur les routes sans pouvoir indiquer aucun domicile certain, à brève échéance tout au moins, sans pouvoir faire la preuve qu'on avait en vue ou qu'on avait le droit d'espérer pour le lendemain, ou enfin qu'on cherchait avec conscience et loyauté des moyens d'existence réguliers ; ce fait, disons-nous, constituait une présomption sérieuse et une charge. C'était à l'homme sur qui elle pesait à se justifier. La circulaire en question renversait les rôles. Les gendarmes n'avaient plus aucun droit contre le chemineau, s'ils n'étaient à même de prouver que cet homme, originaire des Vosges, par exemple, et rencontré dans les Pyrénées, avait commis un vol ou quelque autre acte plus grave. Autant on rendait la tâche de l'agent difficile, autant on rendait aisée celle du vagabond. Pour avoir le droit de circuler indéfiniment, il lui suffisait de montrer qu'il avait sur lui « de quoi s'assurer le vivre et le couvert » pour le jour même, de produire des certificats de travail « même peu récents » et des certificats de sortie d'un hôpital. Les auteurs de la circulaire paraissaient ignorer que, pour un vagabond, c'est un jeu de se procurer de tels certificats, qu'on se fait admettre à l'hôpital dans la seule intention d'en obtenir un, et que ces certificats se prêtent, se louent, s'échangent, se vendent avec facilité.

A cet affaiblissement de la répression commandé par les autorités supérieures, il fallait ajouter les prescriptions que les agents locaux recevaient des municipalités socialistes. En bon nombre de villes, grandes ou petites, les maires ont commencé alors à dire tout haut que le vagabondage, que la mendicité, que ce vagabondage féminin qui s'appelle la prostitution ne sont une honte que pour les prétendus honnêtes gens, et ils ont défendu d'arrêter les autres. Après toutes ces manifestations d'un état d'esprit bien connu, on ne pouvait s'étonner de voir que les affaires jugées de vagabondage et de mendicité étaient tombées de 19 356 en 1892 à 12 602 en 1899. Et maintenant, les fâcheux qui prévoyaient que ces diminutions seraient passagères, ceux qui annonçaient qu'on ne tarderait pas à retrouver, bon gré mal gré, à l'état d'indiscutables délinquants, les hommes auxquels on avait donné l'illusion de l'impunité, se sont-ils trompés ? Se sont-ils trompés en pensant de plus que la politique de persécution, que les campagnes de calomnies et de chantage contre les établissements hospitaliers, que les atteintes redoublées à la liberté de la charité allaient compromettre le peu de bien dont l'apparition si récente avait donné une lueur d'espérance ? La statistique qui vient de paraître et qui donne une récapitulation des années allant de 1901 à 1905, prouve clairement le contraire : car les quatre dernières années, mais surtout la quatrième, nous montrent la reprise de l'aggravation et une reprise qui promet d'être fortement soutenue.

Dans la colonne des infractions qualifiées légalement de crimes, on était habitué à suivre une diminution lente et persistante, provenant du fait bien connu de la « correctionnalisation » d'un grand nombre d'attentats. Cependant, que voyons-nous présentement dans le mouvement des accusés ? Dans les dernières années, nous voyons les crimes contre les personnes aller successivement de 1 037 à 1 103 et à 1216. Si nous décomposons ce total, nous voyons monter les assassinats de 140 à 169 ; les meurtres, de 163 à 186, à 222, à 230, à 274 ; les parricides, de 9 à 12 ; les coups et blessures ayant entraîné la mort ? de 145 à 171 ; les viols sur les adultes, de 58 à 62.

Les crimes contre les propriétés déférés au jury [8] étaient en 1902 au nombre de 787. Ils sont en 1905 au nombre de 1 020. Les vols et abus de confiance qualifiés ont progressé de 640 à 654, à 669, à 690. Les incendies ont été de 120 à 141. L'esprit d'association de ces malfaiteurs est venu encore aggraver le péril. Si en 1900 on comptait pour 100 affaires 126 accusés, en 1905 on en compte 147.

Parmi les symptômes le mieux faits pour incliner un instant vers un optimisme relatif, nous avons signalé la baisse des suicides. S'ils avaient encore augmenté de 1896 à 1899, ils avaient diminué ensuite avec lenteur, mais avec régularité, jusqu'en 1902. A partir de là, ils se relèvent, et en 1903, nous en constatons 614 de plus, soit 9 330 au lieu de 8 716. Dans les délits jugés, même progression. Le nombre des affaires va de 166 010 à 173 804, et le nombre des prévenus, de 203 303 à 213 882. On ne juge pas beaucoup plus de vols ; les délits de rébellion et d'outrages à l'autorité semblent aussi stationnaires, ou n'accusent qu'un accroissement insignifiant, mais grâce aux amnisties réitérées. Ceux de vagabondage et de mendicité dont la poursuite a fini par s'imposer en dépit de toutes les circulaires et de toutes les recommandations « large ment humanitaires, » reviennent à grand train aux anciens chiffres. En 1904, ils sont déjà remontés à 19 000.

Enfin, comme on correctionnalise beaucoup de crimes, on « contraventionnalise » beaucoup de délits. Les 426 000 inculpés de 1901 sont devenus 449 000 en 1905, et parmi les contraventions qui se multiplient, il en est qui se rapprochent singulièrement du délit ; car, on l'a observé plus d'une fois, elles se multiplient rarement sans annoncer la recrudescence imminente d'actes plus graves. Telles sont les voies de fait ou violences légères, les cas d'ivresse publique, le maraudage des récoltes, les tromperies pour poids et mesures, les infractions aux règlements des auberges et des cabarets.

Ici s'arrête, pour le moment, la statistique officielle ; mais l'émotion soulevée enfin dans tous les partis par l'insécurité croissante des grandes villes et de certaines campagnes, les exploits des apaches et des bandes armées, le jeune âge de la plupart de ceux qui composent c, es bandes, les tueries sans autre mobile que l'entraînement réciproque de sauvageries déshabituées de tout frein, la facilité avec laquelle bon nombre de grévistes et de gens qui se mêlent aux grévistes passent de la propagande par la parole à la propagande par le fait, et de la réclamation verbale au sabotage, au pillage, au meurtre, à l'incendie, tout démontre que 1906 et 1907 nous révéleront bientôt une situation encore aggravée. Décidément, la période qui s'est ouverte en 1901 nous fait bien payer les indulgences excessives auxquelles étaient dus les allègements apparents de 1896 et des quelques années qui ont suivi.

* * *

Voyons cependant ce que donne l'autre méthode d'évaluation, l'autre système de mesure. Il consiste, avons-nous dit, à relever l'ensemble des plaintes, dénonciations et procès-verbaux, c'est-à-dire de tous les documents attestant la réaction légale des différentes parties du corps social contre les actes qui le blessent. C'est par là que débutent la plupart des statistiques étrangères [9]. Or ici, à première vue, les résultats apparaissent comme sensiblement équivalents.

Si nous prenons une longue suite d'années, nous voyons qu'il y a eu trois moments de rémission. Ce sont les périodes : de 1856 à 1860, — de 1872 à 1875, — de 1896 à 1900.

La première s'explique, ce semble, aisément par la fermeté du gouvernement d'alors, fermeté généralement bien acceptée au sortir de troubles violents. La seconde a eu certainement son origine dans ce mouvement généreux de rénovation qui, au lendemain de nos désastres, avait gagné toutes les classes, surprenait nos amis les meilleurs et alarmait presque nos vainqueurs de la veillé. C'était l'époque où, dans l'ordre de faits qui nous occupe, les pouvoirs publics donnaient une attention si avisée aux problèmes de la répression ; l'époque où des hommes, tels que MM. Bérenger, d'Haussonville, Félix Voisin, Théophile Roussel, envoyés en mission, multipliaient les enquêtes et faisaient décréter des réformes profondes dans le système de l'emprisonnement, dans les méthodes de l'éducation correctionnelle ou réformatrice. C'est l'époque où fut votée notamment la loi de 1875. Sans doute la plupart de ces beaux efforts furent perdus pour les successeurs insouciants de ces hommes de bien. Mais enfin, leur entreprise même était un signe des préoccupations patriotiques et de l'énergie sensée qui travaillait à relever tant de ruines. On ne peut être surpris que les mœurs publiques en ressentissent à leur tour un heureux contre-coup.

Après les accroissements énormes qui se sont ensuite manifestés de 1880 à 1893, cette dernière année commence à voir le fâcheux mouvement se ralentir, et les années qui vont suivre seront meilleures. L'année 1893 est celle où Spuller avait essayé de parler d'esprit nouveau, et où Casimir-Perier avait été porté à la présidence de la République. Le rapprochement de ces deux noms et de ces deux tentatives vite étouffées par la résistance de l'esprit radical n'a-t-il pas quelque signification ? Sans doute les ligues secrètes contre lesquelles M. Méline jetait, lui aussi, quoique plus timidement, son cri d'alarme, commençaient à prendre dans l'ombre toutes les mesures nécessaires à l'accomplissement de leur programme. Mais ce qui les avait précisément surexcitées, c'était l'ensemble des succès obtenus par les représentants de l'esprit d'ordre, de charité et de paix, c'était l'extension des œuvres dont nous avons dû affirmer déjà la salutaire influence. Ces œuvres avaient bien leur part, la meilleure, dans le mouvement de régression qui allait se dessiner et auquel contribuait une autre cause, artificielle et regrettable.

Revenons maintenant aux périodes ascendantes : nous les retrouvons à cette statistique comme à l'autre. Les premières années du XXe siècle voient l'ensemble des plaintes, dénonciations et procès-verbaux, — qui n'étaient en 1890 que 250 553 — monter successivement à 517 000, — à 525 000, — à 528 000, — à 529 000, — à 543 000, — et enfin (en 1905) à 546 257. C'est surtout en 1903 que le bond a été violent : augmentation de 14 500 dans une seule année. Or, 1903 est bien l'année des interpellations succédant aux campagnes de presse contre les congrégations hospitalières. C'est l'année où commencent les destructions arbitraires, où l'on ouvre enfin dans le rempart héréditaire les brèches destinées à préparer le grand assaut.

Mais si nous avons tenu à appliquer à la criminalité française cette autre mesure de la plainte, ce n'est point pour nous borner à constater que les résultats qu'elle donne coïncident assez bien avec celui des jugements rendus. Elle va nous permettre de voir un autre aspect du péril criminel en nous donnant le nombre des crimes et délits non poursuivis, et notamment des délits qu'on n'a pas poursuivis parce qu'on n'a pas pu en découvrir les auteurs. Depuis que l'attention a été attirée sur ces chiffres, ils ont provoqué, d'un côté, beaucoup d'étonnement et presque de stupeur, d'un autre côté, des efforts ingénieux en vue de nous donner une interprétation moins pessimiste.

Pour commencer par le fait brut, disons que les infractions, à auteurs inconnus ne dépassaient pas 10 000 en 1825, que, sous le second Empire, elles oscillaient autour de 30 000, et que si la marche ascendante en a été arrêtée, elle aussi, pendant un instant très court en 1897, elle n'en est pas moins arrivée à 107 710 en 1905, dernière année dont nous ayons la statistique.

Ce qui mérite d'attirer ici l'attention, c'est surtout, on le comprend aisément, la progression. Assurément, il ne faut pas exagérer la portée, déjà bien assez alarmante, de ces chiffres. Beaucoup de ces impunis, on ne se fait pas faute de nous l'affirmer, sont repris dans les années qui suivent. Mais faisons bonne mesure : supposons qu'on en retrouve un tiers, — c'est une proportion à laquelle je ne sache pas que prétende la justice. — Ce tiers-là n'en a pas moins eu le temps de commettre des méfaits nouveaux et de troubler gravement l'ordre public. Il aura grossi ces bandes éparses, en dissolution et en reconstruction continuelles, que la police connaît, qu'elle n'ose pourtant pas arrêter de peur d'en avoir trop sur les bras. Puis, il faut toujours en revenir à ceci, que, vers 1860, les impunités définitives équivalaient aux deux tiers de 30 000, et qu'en 1905, elles équivalent aux deux tiers de 107 000. Là comme ailleurs, c'est la progression qui constitue le fait caractéristique… et inquiétant.

On a essayé d'un autre moyen d'atténuation. On a insinué que cette qualification d'auteurs inconnus devait être imaginée bien souvent pour des méfaits de si peu d'importance qu'on ne prenait pas la peine de les poursuivre. L'explication est légère, elle ne résiste pas à l'examen ; car, d'abord, la statistique a des colonnes spéciales pour les affaires classées parce que le caractère délictueux n'en était pas assez établi ou parce que les charges paraissaient insuffisantes. Pour le dire en passant, cette catégorie d'affaires classées paraît plutôt en diminution. Mais voici où l'examen détaillé des statistiques ne laisse malheureusement aucun doute : ce sont les affaires les plus graves qui donnent proportionnellement le plus de mécomptes, ce sont surtout les auteurs de vrais crimes qui trouvent le moyen de se dérober ; et loin de diminuer, ce genre d'insuccès va croissant.

En 1894, M. Yvernès père avait fait à la Société de statistique de Paris une communication qu'il voulait bien me résumer lui-même en ces termes : « En 1860, 10 935 affaires présentant le caractère de crimes, — je laisse absolument de côté les délits, je ne m'occupe que des faits ayant le caractère de crimes, — ont été classées aux parquets ou suivies d'ordonnances de non-lieu.

« Dans 5 769 d'entre elles, soit 53 p. 100 en chiffres ronds, — exactement 52,75 p. 100, — le motif de l'abandon des poursuites a été l'impossibilité de découvrir les auteurs du crime. Pour 1890, les chiffres correspondais, les chiffres des affaires légalement criminelles qui ont été classées ou qui ont été suivies d'ordonnances de non-lieu montent à 13 276. Sur ce nombre, étaient abandonnées par impossibilité de trouver les auteurs 8 303, ce qui donne une proportion de 63 p. 100. »

Ceci est, je pense, assez clair. Eh bien ! aujourd'hui le fils de l'éminent statisticien peut suivre à son tour l'ascension, car les tableaux qu'il centralise lui donnent 71 p. 100 de faits qualifiés crimes, dont les auteurs échappent aux investigations de la police et aux atteintes de la justice.

Veut-on considérer un méfait particulier, le vol qualifié ? C'est assurément l'un des plus graves. Il comprend les innombrables cambriolages au cours desquels les hôtes accidentels ou attardés d'une villa qu'on dévalise en hiver ou d'un appartement cru inhabité risquent bien d'être mis hors d'état, de résister d'abord, et ensuite d'apporter leur témoignage. Or, dès 1890, la même autorité constatait que les neuf dixièmes de ces criminels étaient réclamés en vain par la Cour d'assises. On voit si les optimistes ont le droit de dire que seuls les auteurs des petites infractions demeurent inconnus.

Ces mêmes apologistes ont une autre explication à mettre en avant. Ils prétendent que si les plaintes, dénonciations et procès-verbaux augmentent tant, c'est que l'esprit de plainte s'est développé ; c'est surtout que, quand on est par malheur impuissant à se faire payer d'un débiteur, on trouve plus simple de déposer une plainte en abus de dépôt, abus de confiance ou escroquerie. De là, dit-on, l'augmentation effectuée sous cette dernière rubrique : elle est même si considérable qu'il est difficile de ne pas la tenir pour artificielle en très grande partie ; elle doit être due aux calculs intéressés de créanciers jugeant que l'action pénale sera plus intimidante et qu'elle satisfera mieux et à moins de frais leur ressentiment. « Il y a des plaignants, a dit un juge d'instruction, qui nous prennent pour des agents de recouvrement. »

Que de pareils cas se présentent, — surtout chez les naïfs trompés pour la première fois, — rien de plus vraisemblable, et il faut croire ceux qui nous l'affirment. Mais qu'ils soient assez nombreux pour expliquer seuls l'accroissement du nombre des plaintes, c'est ce qui est tout à fait inadmissible. A côté des gens qui, dans un accès de colère, s'empressent de dénoncer un débiteur simplement insolvable ou d'une bonne foi douteuse, il y a ceux qui, plus instruits par l'expérience, plus réfléchis, redoutent, même quand ils sont victimes d'un vrai délit, de porter Une plainte. Ils savent ce qu'elle leur vaudra : d'abord l'ennui d'une citation, des pertes de temps au Palais, l'inquisition de la police, les insinuations blessantes de l'avocat de la partie adverse. Ces résultats sont sûrs : les autres le sont-ils autant ? C'est douteux. Il y a là pour beaucoup une raison suffisante de s'abstenir. Si on a pu donner des preuves de l'esprit de plainte et de vengeance chez quelques-uns, on a donc pu en donner aussi, — on n'y a point manqué, — de cet esprit de scepticisme et de découragement. Il est fréquent surtout chez les négociants, chez les restaurateurs, chez tous ceux pour qui le temps c'est de l'argent. On dit que la plainte civile coûte trop cher et effraye, ainsi bon nombre de plaignants. Mais pour ceux qui ne peuvent pas faire les frais d'un procès sérieux, n'y a-t-il pas l'assistance judiciaire, dont l'emploi ne cesse de grandir ? Non ! ce qui amène l'accroissement des plaintes au criminel, ce n'est pas autre chose que l'accroissement inouï des opérations financières et des opérations financières frauduleuses, avec les innombrables combinaisons qu'a inventées l'esprit de déloyauté. Paris a eu ses fausses banques, ses monteurs d'affaires imaginaires, ses rédacteurs de circulaires promettant des gains infaillibles, mais réduisant d'avance à l'impuissance, par des artifices de style, les réclamations de leurs victimes. Quant à la province, elle a eu sa crise des notaires. Le Compte général adressé pour l'année 1892 au Président de la République par le garde des Sceaux Trarieux disait (page 13) : « La criminalité des notaires est devenue quarante-trois fois supérieure à celle de la moyenne des citoyens français. » Elle venait de doubler en seize ans. Dans un certain compte, la Chancellerie avait pu évaluera 13 millions les pertes causées à leur clientèle par 46 notaires accusés dans le cours d'une même année, l'année 1889 ; et ces 46 n'épuisaient pas la liste des déconfitures de l'année qui en avait compté 103. Telle petite étude de campagne qui, à ma connaissance, s'est vendue 20 000 francs, a vu son avant-dernier titulaire condamné en Cour d'assises après réponses affirmatives faites par le jury à trois cents questions sur trois cent quarante. Or, combien de clients avaient pris l'initiative de porter plainte ? A peine deux, qui habitaient Paris ou une grande ville. Les gens du pays ne bougeaient pas, et s'il n'y avait eu qu'eux à souffrir de la déconfiture, on peut affirmer sans hésiter qu'aucune sanction ne serait intervenue. Ils avaient été si heureux de toucher 5 p. 100 de leurs dépôts : ils ne parvenaient pas à s'expliquer qu'ils n'étaient payés que sur le capital indéfiniment renouvelé des déposants, et quelques-uns gémissaient sur le sort de celui qui, même sous les verrous, demeurait leur « homme de confiance. » Il s'en trouva même un qui, questionné par le président des assises, demanda l'acquittement de l'accusé pour qu'il pût « se réhabiliter. » Ainsi, dans une affaire célèbre de Paris, on a vu des gens dépouillés par Jacques Meyer signer une demande de mise en liberté, afin que le condamné pût recommencer à leur servir, — pour combien «de temps ? — des intérêts à 15 p. 100. Eux non plus ne voulaient pas comprendre, — ou s'avouer, — que pour payer, aujourd'hui [10], de pareils intérêts, il faut les prendre dans la poche de quelqu'un ou sur le capital de celui-là même qui se réjouit d'avoir si bien placé son argent.

En deux mots, l'accroissement des plaintes en abus de confiance ou escroquerie vient de ce que des délits plus savants, plus distingués, plus fructueux, plus assurés d'une longue et quelquefois définitive impunité, prennent de plus en plus la place du vol proprement dit.

L'augmentation totale est donc indéniable, indéniable pour les crimes jugés, indéniable et plus regrettable encore pour les crimes qu'on doit laisser impunis, et il est hors de doute que la diminution signalée dans la période de 1893 et des quatre années qui ont suivi n'a été qu'une halte bien courte.

* * *

Nous venons de toucher là à l'une des données les plus intéressantes du problème criminel. Il ne s'agit plus de l'augmentation, mais de la transformation de la criminalité. Cette transformation vient de nous apparaître clairement dans la nature des infractions dirigées contre les propriétés.

Incontestablement le vol simple a baissé. Moins qu'il ne le semble au premier abord, car, à côté de la diminution des vols jugés, il faut bien placer l'augmentation considérable des vols dont les auteurs restent inconnus. Tout compensé, il peut bien rester une baisse réelle de 2 ou 3 000 [11]. Il y a donc toujours des gens qui débutent par le vol ; mais les plus habiles ont vite fait de profiter de ces premiers « bénéfices, » pour en faire le point de départ d'opérations plus lucratives : quêtes sous un faux nom et avec de faux papiers, annonces mensongères, trafic de fausses traites, associations pour entôlage... ; pour expliquer toutes ces combinaisons il faudrait des volumes. Ces volumes d'ailleurs ont été faits. Il n'est guère d'ancien chef de la Sûreté qui n'ait tenu à servir au public des révélations nouvelles. Toutes les inventions de la science et de l'industrie contemporaines sont étudiées par les malfaiteurs qui n'en usent pas moins que les honnêtes gens. Ils ont exploité les télégraphes : ils ont exploité les téléphones, ils ont exploité les bicyclettes, ils exploitent maintenant les automobiles. Lombroso en a tout récemment donné des exemples piquants : on y voit toute une gamme de rouieries, où la combinaison du téléphone et du véhicule permet de paraître et de disparaître, de faire croire à des ressources, à des titres, à des garanties imaginaires, et de les faire servir aussi bien à l'enlèvement d'objets très précieux qu'à la simple filouterie d'un bon déjeuner. Toutes ces adaptations savantes sont étudiées dans les bandes et dans les prisons communes, où ces bandes se préparent, se reforment, se complètent, arrêtent leurs opérations, de même qu'une armée dispersée se refait dans ses quartiers d'hiver.

La propriété et surtout la propriété rurale ne connaissent pas seulement le vol par fausses réclames et offres menteuses, elles craignent beaucoup la mendicité et le vagabondage. On a vu plus haut les oscillations apparentes de ces deux genres de délit : augmentation considérable au cours du XIXe siècle ; vers la fin de ce même siècle, diminution factice due à l'atténuation de la répression, puis, au commencement du XXe siècle, hausse nouvelle. D'autre part, il est bien connu dans nos campagnes que les vagabonds et les mendiants ont revêtu des aspects plus modernes : beaucoup ont trouvé des encouragements et aussi des excuses et des moyens de dissimulation dans certaines habitudes nouvelles de l'agriculture. Les statistiques de la population se voient obligées d'ouvrir depuis quelques années un compte spécial aux ouvriers agricoles intermittents et nomades : ils dépassent en ce moment cinq cent mille. Jadis, on avait bien les ouvriers qui venaient à la ville pour les vendanges, et ces déplacements étaient presque toujours signalés par des délits nés du changement brusque de milieu, des rassemblements, de l'excitation mutuelle, des rencontres de toutes natures faites au cabaret ou ailleurs. On me disait dernièrement à Reims que rarement les vendanges se terminaient sans que des arrestations eussent réservé une ou deux affaires pour la session attendue de la Cour d'assises. Presque en même temps on me lisait à la chancellerie un fragment de rapport [12] émané du parquet d'Épernay. Une diminution accidentelle du délit était signalée dans l'arrondissement : on l'attribuait à ce que « la récolte ayant été mauvaise, il était venu moins de journaliers étrangers. » Or, à cette occasion des vendanges s'en sont ajoutées d'autres, comme celles des battages, de l'arrachage des betteraves, sans compter les travaux publics, les constructions de l'Etat, les agrandissements des villes. Tous ces appels mettent en mouvement trois catégories d'individus. Viennent d'abord les travailleurs sérieux qui se hâtent d'arriver par les voies les plus courtes, prennent les bons emplois et les gardent le plus longtemps possible. Paraissent ensuite les travailleurs plus inégaux, plus mobiles, qui aiment surtout changer d'occupations et de séjour, et qui recherchent les épisodes, les digressions, les intermittences. Paraissent enfin et disparaissent les faux ouvriers voyant uniquement dans le travail qui leur était offert, et pour lequel ils arrivent toujours trop tard, un prétexte à déplacements indéfinis, avec billets à prix réduits, secours de route, logements dans les asiles, passages plus ou moins tumultueux aux Bourses du travail : à peine ici ou là quelques journées bien choisies chez les patrons signalés pour leur complaisance et pour les menus plantureux dont on leur a fait prendre l'habitude.

Quant à la mendicité, combien de fois ne se rapproche-t-elle pas de l'escroquerie par tous les moyens qu'elle met en avant ! Ici encore, le délit devient plus savant et il réussit davantage à se déguiser sous des dehors variés. Certes, on a toujours connu les faux pauvres et les riches mendiants et les abus dont une charité mal organisée donnait la tentation ; mais la charité contemporaine a beau se perfectionner, elle a surtout multiplié ses formes pour se mettre à la portée de nouveaux besoins. Malgré les lumières que lui apporte une admirable institution, elle n'a point encore échappé à ce double inconvénient : laisser de côté trop de vraies misères, qu'on ignore autant qu'on est ignoré d'elles parce qu'elles sont discrètes, modestes, résignées, courageuses jusqu'à la mort ; et être trop connue de certaines autres misères dont tout l'effort et toute l'ingéniosité ne sont tendues que vers l'art de surprendre toutes les aides qu'on peut implorer l'une après l'autre, si ce n'est pas simultanément.

Ce qui ne s'est modifié que pour se développer, c'est l'immoralité, c'est, pour parler le langage précis des criminalistes, l'ensemble des crimes et délits contre les mœurs. S'il y a ici une nuance, il est peut-être bon de la remarquer. Beaucoup, en effet, prétendent que plus les hommes ont de facilités pour satisfaire légalement certaines passions, sans assumer aucune charge, plus les honnêtes personnes doivent rester à l'abri de leurs atteintes. C'est là une conception très hasardée, à laquelle les faits ne paraissent nullement donner raison. Les facilités qui s'offrent ne diminuent pas à coup sûr. La débauche vénale prospère ; la progression des naissances illégitimes prouve que la force de résistance des jeunes filles ne s'est pas précisément consolidée. Il est donc certain que l'immoralité, qu'on peut appeler légale et tolérée, entretient l'immoralité criminelle, bien loin qu'elle lui serve de dérivatif. N'est-il pas clair en effet qu'elle entretient autour de tous le mépris de l'intégrité de la femme, comme le suicide, qu'on prend aussi pour un dérivatif de l'homicide, développe le mépris de la vie humaine, mépris qui n'affecte pas toujours les allures d'un scepticisme prudent ?

A son tour, l'immoralité développe le penchant à la violence. « Le plaisir rend l'âme si bonne, » chantait Béranger. C'est bien le cas de s'écrier : chansons ! surtout quand on entend dire que chacun prend son plaisir où il le trouve. On a vu par les chiffres des statistiques à quel degré de recrudescence les crimes violents avaient monté. Quelle en est la nature ? Quels sont les caractères saillants de cette violence au moment présent ? Si les chiffres ne le disent pas, les événements quotidiens le disent assez. Ce qui ensanglante nos rues, ce n'est pas la violence par passion politique, comme aux temps de Terreur blanche ou rouge, ce n'est pas une ardeur inconsidérée de vengeance, ce n'est même pas la violence destinée à préparer sur grande échelle le vol et le pillage. Tout ceci, assurément, on le retrouve, on le retrouvera toujours dans un trop grand nombre de cas. Mais croyons-en le rédacteur de la statistique de 1905, renseigné, comme il l'est, par plus de documents administratifs ou policiers qu'il ne lui est loisible d'en imprimer. « Comparés, dit-il, à ceux de 1901, les résultats de 1905 accusent dans leur ensemble une augmentation très forte des crimes qui prennent naissance dans les cabarets, dans les lieux de plaisir et qui ont pour causes la débauche et l'alcoolisme. » Oui, les colères des fanatiques raisonneurs sont calmées, la cupidité est moins aiguillonnée par la privation, et celle qui sévit apparaît beaucoup plus comme une cupidité de bien-être grandissant, comme une cupidité de gourmandise et de luxe, comme une cupidité de plaisir quand même. Ici nous rejoignons l'immoralité, d'où si facilement naît le mépris de soi et des autres. Nous arrivons à ces exploits d'apaches mâles et femelles qui troublent tant Paris, à ces tueries sans motifs, à ces espèces de chasse à l'homme où nous voyons des gamins de seize ou dix-sept ans, tous armés de revolvers, faire entre eux, — et tenir, — le pari de « descendre » le premier passant au coin de la rue.

Mais si nous voulons avoir une idée plus complète du caractère de cette violence, revenons une fois encore au suicide. On en a vu la courbe funèbre ; mais, pour le suicide comme pour le crime proprement dit, la variation des caractères n'a pas moins d'intérêt que les variations de la quantité. Or, d'après les enquêtes dont la Chancellerie peut résumer les résultats [13], les suicides par misère, — et ceci est à rapprocher de ce que nous apprenait l'étude du délit, — ont diminué. Par les mêmes méthodes de recherche, avec les mêmes moyens d'investigation, on en signalait 930 au début de la dernière période quinquennale ; on n'en relève plus que 836 en 1904. Les morts volontaires par suite de pertes d'argent, par désir d'éviter des poursuites judiciaires et de se soustraire aux conséquences déshonorantes de certaines affaires trop aventurées, sont devenues également moins nombreuses [14]. En 1884, on en comptait 202 : en 1904, on n'en constate plus que 106, tout cela bien que l'ensemble des suicides se chiffre par un accroissement de 1 200. Faut-il croire que le mot de déshonneur n'a plus de sens et que les pertes d'argent se réparent désormais avec plus de facilité ? Si cette facilité tient exclusivement à l'amélioration des conditions d'existence, nous devons regretter moins encore que ce triste expédient du suicide, qui ne répare rien, soit abandonné. S'il y entre un certain affaiblissement de la conscience et du remords, le gain n'en sera-t-il pas amoindri ? Le même langage est à tenir pour les suicides par « amour contrarié » ou pour « chagrins domestiques. » L'année 1884 en enregistrait plus de 1 000. En 1904, on n'en compte plus que 873. Ici encore, nul ne regrettera que plus d'un de ces désespérés d'autrefois se résigne à ne pas quitter la vie. Mais si le fait, en toute hypothèse, est heureux, il l'est cependant plus ou moins, selon la qualité des consolations que les attristés se procurent. A chacun de nous de regarder autour de lui et de se demander pour quel genre de satisfactions, dans quelles fins, ces réconciliés aiment la vie quand même.

On a souvent dit que le suicidé devait avoir « la tête dérangée. » Pendant longtemps, c'était là l'excuse banale des familles : celui qui venait de se tuer avait cédé à un « accès de fièvre chaude, » ou à une crise du délire des persécutions. Or, bien que les cas d'aliénation mentale se soient prodigieusement multipliés, la statistique judiciaire observe d'année en année que les suicides attribués à des « maladies cérébrales, » — c'est la rubrique adoptée,

— ne cessent pas d'aller en diminuant. M. Yvernès père en faisait déjà l'observation il y a vingt-cinq ans : le mouvement ne s'est pas arrêté. En 1884, ces cas dépassaient 2 000 : en 1904, ils ne sont plus que 1 300. Cette amélioration est-elle due au perfectionnement des méthodes médicales, aux progrès de la thérapeutique des aliénés, des déséquilibrés, des neurasthéniques, à la fondation d'œuvres charitables suivant la rentrée des aliénés à demi guéris dans la société ? Peut-être ! Et cependant, toutes ces améliorations sont encore bien insuffisantes, eu égard au nombre si considérable des maladies du système nerveux. Il est plus probable que les familles ne reculent plus autant devant l'aveu d'un suicide et qu'elles renoncent beaucoup moins à essayer de masquer la vérité. Mais ceci même est un symptôme de plus d'une sorte d'insouciance trop familiarisée avec tout ce qui alarmait les consciences et soulevait des scrupules. Quoi qu'il en soit, quels sont donc les suicides qui se multiplient, puisque le total en augmente ? Ceux qui sont attribués à la difficulté de supporter des souffrances physiques, — en dépit des anesthésiques et des progrès de la chirurgie, — et ceux qui sont accomplis par suite « d'accès d'ivresse et d'ivrognerie habituelle. » La génération présente est donc plus sensible à la douleur corporelle et plus facile, — dirons-nous dans le choix ? pas précisément, — mais dans l'acceptation et l'accoutumance des consolations grossières. Il est difficile de se soustraire à de pareilles conclusions, où se rejoignent, pour ainsi dire, les enseignements du crime et ceux du suicide. Aurions-nous devant nous, non un organisme secoué par des crises violentes avec une énergie qu'on peut se flatter de redresser et de tourner à des fins plus nobles, mais un organisme vicié et anémié ?

Que devons-nous maintenant nous demander, sinon qu'elles paraissent être les causes de ces modifications dans l'époque présente ? Qu'on le remarque bien, nous n'abordons pas ici, dans son ampleur parfois déconcertante, l'éternel problème du mal moral, de ses origines profondes, de la part qu'y ont les causes physiques, les causes ethniques, la complicité des classes responsables, le libre arbitre de chacun. Nous voudrions seulement, — et ceci est déjà très délicat, — bien éclaircir ce que les faits de la période contemporaine nous fournissent de données pour la solution graduelle de ce problème compliqué.

D'abord, il faut constater que les accroissements les plus remarqués affectent des ressorts judiciaires très éloignés les uns des autres et très différents à beaucoup d'égards. Les recherches statistiques de 1905 signalent, par ordre d'augmentation croissante, les ressorts de : Bordeaux (3 pour 100), Montpellier (4,3), Douai (4,7), Rennes (5,8), Poitiers (5,8), Nîmes (6,9) [15].

A titre de commentaire de ces chiffres, on a bien voulu me communiquer quelques fragments des rapports inédits des chefs de parquet. Voici les explications qu'on y trouve. Ce qu'ils signalent c'est : à Bordeaux, une augmentation des cas d'escroquerie et d'abus de confiance, avec moins de délits de violence contre les personnes ; à Montpellier, des faits de pillage et de destruction provenant des grèves agricoles ; à Douai, l'accroissement de la mendicité et du vagabondage au lendemain des grèves ouvrières ; à Rennes et à Poitiers, le bas prix du cidre et du vin entraînant un accroissement considérable de l'alcoolisme et de ses suites ; à Nîmes, la criminalité des anciens détenus de la maison centrale qui, avec le régime de l'emprisonnement en commun, se sont perfectionnés dans l'art d'inventer des délits, de les enseigner et de les multiplier.

Mais ces faits, à leur tour, doivent se rattacher à d'autres qui, provisoirement au moins, peuvent nous apparaître comme des causes. Nulle part je ne vois qu'on invoque la misère [16] ; en revanche, on met toujours en avant l'insuffisance des gendarmes et l'excès des cabarets. Il est aussi utile de faire ici attention à ce qu'on ne dit pas qu'à ce qu'on dit.

Constatons-le tout d'abord. On ne donne guère d'aliment à la propagande socialiste qui croit le crime dû à l'insuffisance forcée de satisfactions naturelles. Nul ne peut soutenir que les crimes contre la propriété soient dus à l'impossibilité de boire et de manger pour celui qui n'est pas propriétaire, et que les crimes contre les mœurs soient dus à l'accaparement des femmes par les bourgeois qui les soustraient aux charmes de l'union libre. L'union libre et la polygamie ou successive ou simultanée ne sont pas rares, et elles font jeter autant, sinon plus de vitriol à la tête des hommes, elles font surtout étrangler ou assommer plus de femmes que le mariage légitime ne l'a jamais fait. Non, l'accroissement indéfini de la liberté ne calme pas les passions, il ne guérit pas les vices, il les exaspère beaucoup plutôt. On avait dit que la faculté de divorcer ferait cesser les vengeances conjugales ; car à quoi bon se tuer réciproquement, quand on est libre de se quitter ? Or, le fait exact est que les actions en divorce provoquent encore plus d'actes de violence qu'ils n'en préviennent.

Est-il nécessaire d'insister davantage sur ce que le crime actuel doit ou ne doit pas à la situation du monde économique et aux anomalies qu'on y relève ? Le problème ici s'est déplacé. On a trop mis en lumière, par des exemples multipliés, que les départements les plus pauvres sont, à tous points de vue, les plus honnêtes, que les voleurs ne volent presque jamais que pour la satisfaction d'une fantaisie ou d'une coquetterie, que les ouvriers jeunes ou vieux, arrêtés pour vol, gagnent, pour la plupart, des journées de nature à les mettre à l'abri de tous les besoins pressants ; on a trop bien établi que, présentement [17], dans les pays les plus divers, le mouvement ascendant du crime suit l'accroissement du bien-être général et l'élévation des salaires. Il a fallu abandonner la vieille explication socialiste.

On s'est alors rabattu sur les iniquités de l'organisation économique du siècle et sur la méconnaissance des droits des travailleurs : droit à la possession de tous les instruments de son travail, droit à la jouissance intégrale de tous les produits de son travail personnel. On sait comment se glissent ici bien des sophismes à la faveur de ces mots obscurs : « instruments de travail, produits du travail. » Que de produits du travail personnel d'un individu qui deviennent les instruments du travail amélioré des autres et qui, par conséquent, ne peuvent pas lui être enlevés purement et simplement au profit de n'importe qui ! Que de produits du travail où le travail manuel n'a qu'une part et où, loin de constituer une plus-value dont il ait le droit de se dire spolié, c'est lui qui bénéficie au contraire d'une plus-value dont il ne veut pas se rendre compte ! Dans ce mépris du capital et des grandes organisations qu'il a créées avec l'aide de l'effort intellectuel, dans cette méconnaissance obstinée des bienfaits que l'un et l'autre assurent de plus en plus à l'ouvrier proprement dit, dans les convoitises impatientes, dans les jalousies, dans les haines qu'elles alimentent, il y a certainement des germes de crime. Il y en a aussi dans les excès de convoitises satisfaites à trop bon compte et dans les étalages d'un luxe à la fois insultant et tentateur. La corruption vient donc à la fois d'en haut et d'en bas. Bien des moralistes pensent que c'est surtout d'en haut qu'elle vient, et ils ont malheureusement trop de raisons à invoquer. Mais il faut toujours en revenir à cette vérité que, malgré toutes les transformations imaginables, il y aura éternellement des inégalités, et des inégalités dont beaucoup seront très mal acceptées ; car c'est souvent de celles de son entourage immédiat et de ses pareils et de ses soi-disant égaux qu'on est le plus terriblement jaloux. Il faut surtout considérer que le monde criminel est un monde intermédiaire ou plutôt sans place fixe, mais toujours renouvelé, toujours repeuplé par les déclassés de toutes les autres sphères. Là, s'agitent ceux qui ont voulu autre chose que ce qu'il leur était permis d'acquérir et qui, sortis de leurs cadres, se rencontrent, s'allient, se heurtent, se combattent selon les hasards du jour : adolescents qui ont voulu jouir trop tôt, vieillards qui ont voulu jouir trop tard, blasés et décadents qui ont voulu jouir autrement que le commun des hommes ; les uns s'excusant sur les disgrâces trop apparentes de la nature, les autres alléguant au contraire leurs attraits et la vigueur de leur tempérament ; ceux-ci n'ayant pas eu le courage de lutter, ceux-là ayant lutté avec une ardeur entêtée contre des obstacles qui les condamnaient d'avance à la défaite ; filles du peuple devenues courtisanes du grand monde, femmes du grand monde descendues au rang d'entretenues ; les unes et les autres se faisant les instigatrices de toutes sortes de délits ; ici, les bataillons de natures grossières et aviles, promptes à se laisser mener là où leur est promise une jouissance à leur portée ; là, les rusés, les fourbes et les calculateurs, qui servent de chefs à ces bandes ; le tout réuni, mêlé, agité dans les plus instables combinaisons, constitue dans l'atmosphère sociale le centre de dépression d'où partent les troubles qui l'altèrent le plus.

Avons-nous là toutes les données du problème ? Avons-nous du moins toutes celles qui s'imposent à l'attention dans le milieu où nous vivons ? Non. Il est des phénomènes liés si étroitement à ceux-là, que nous ne pouvons pas les négliger. On les prend même souvent pour des causes dont on se contente : or, ils sont bien causes en effet, quoique à leur tour ils demandent à être expliqués. Mais pour aller peu à peu aux causes les plus profondes et qu'on peut appeler métaphysiques, il faut remonter de faits positifs en faits positifs. Si ce n'est pas la seule méthode qui puisse nous tenter, c'est la plus sûre.

Il est donc deux ou trois faits avec lesquels on s'efforce de tout expliquer. D'un côté, c'est l'insuffisance de la gendarmerie et de la police, comme si cette insuffisance, avant d'être une cause, n'avait pas commencé par être un effet ! Comme si les agents de la répression ne se trouvaient pas être trop rares, parce que les agents du mal ont commencé par être trop nombreux !

D'un autre côté, c'est l'alcoolisme, avec le cortège des intempérances de diverse nature qu'il traîne avec lui. Certes, dans les pages qui précèdent, il lui a été fait une large place, et il ne faut point hésiter à reconnaître que l'accroissement de la criminalité date surtout de 1880, et que 1880 est l'année qui a inauguré la liberté des cabarets [18].

Il faut toutefois être complet et ne pas croire qu'on a tout dit quand on a parlé de la consommation alcoolique. Thiers disait que l'alcool était la bête de somme du budget. Il ne faut pas qu'il soit à l'excès la bête de somme du criminaliste. Tout au moins faut-il examiner d'où vient à son tour cette extension et cette aggravation de la vie et des habitudes malsaines du cabaret. S'agit-il donc ici d'un phénomène imprévu, spontané, ayant dérouté tous les calculs et désarmé les vertus ? Ce cas existe. On découvre dans les arrondissements les plus moraux de la Belgique des mines de houille abondantes : elles vont attirer de tous les côtés des travailleurs exotiques et créer des rassemblements artificiels d'émigrés : il ne peut sortir de là qu'un grand péril pour la moralité de la région. Ailleurs, la découverte de mines d'or attire, avec une force plus dissolvante encore, des variétés indéfinies d'aventuriers. Mais les flots d'alcool qui empoisonnent notre race ont-ils par hasard jailli d'une source gratuite ? Les lois qui ont encouragé tant d'habitudes, les habitudes qui ont entraîné tant de conséquences mortelles, n'étaient-elles pas les symptômes d'un certain état social ? Dans la complexité de cet état, serait-il téméraire de signaler bien des formes intéressées de la flatterie et par conséquent de la corruption ? Après avoir provoqué l'extension abusive de cette industrie et de ce commerce, n'a-t-on pas été entraîné à en tolérer toutes les fraudes ? Et le tout réuni ne vient-il pas d'une tendance à mettre l'action publique et les lois au service d'une politique de parti ?

Le mal aurait pu être enrayé par d'autres freins. Mais qui niera que le frein par excellence, celui de la famille, ait faibli ? Rien ne peut accuser plus tristement les défaillances de la famille que les chutes précoces de l'enfant. Les chiffres officiels peuvent ici nous induire en erreur et nous laisser croire à une amélioration sérieuse ; car, ainsi qu'il a été expliqué, un très grand nombre d'enfants coupables ont été envoyés à l'Assistance et rayés des listes des jugés. Encore une fois, l'intention était très bonne [19] ; mais les infractions n'en restent pas moins. Or, les calculs du dernier compte général mettent en relief un fait… j'allais dire bien surprenant, en tout cas bien alarmant. A l'heure présente, l'âge relativement le plus chargé en matière criminelle est l'âge de seize à vingt et un ans. Sur dix mille habitants de même âge, les Français de plus de vingt et un ans donnent 2,7 accusés et 16,3 prévenus ; les jeunes Français de seize à vingt et un ans en donnent respectivement 3,7 et 18,8. Il n'y a qu'un genre de délit où les hommes faits dépassent, — comme il est naturel, — le groupe des jeunes, c'est le délit d'escroquerie. Partout ailleurs, le Compte de 1905 nous montre les jeunes fournissant [20] plus de recrues à l'armée du mal : dans les affaires de mœurs, 1,9 contre 1,7, — dans les vols simples, 291 contre 113, — dans les vols qualifiés 9,6 contre 2,3, — dans les incendies, 0,6 contre 0,4, — dans les abus de confiance, 16 contre 11, — dans les coups et blessures, 187 contre 114, — dans les homicides, 4 contre 2,2 [21].

Evidemment, la source du mal est là, et cette source est comme les sources de la nature : si elle alimente, si elle grossit un cours d'eau, elle s'alimente elle-même de millions de gouttes qui lui arrivent par les lignes de moindre résistance.

Il est inutile de revenir sur la part que la dissolution ou le relâchement des liens de famille a dans la criminalité de la jeunesse. Mais puisque nous insistons particulièrement sur les révélations nouvelles, il sera bon de mettre en lumière ce que la statistique de 1905 nous apprend sur la contribution des différentes conditions d'état civil à la criminalité générale du pays. Tandis que la part des hommes mariés est figurée par 773, celle des veufs et des divorcés par 1 601, celle des célibataires monte à 2 039. On n'a pu malheureusement jusqu'ici séparer les veufs et les divorcés dans tous ces calculs : on l'a fait cependant dans la statistique des suicides, et ici encore la comparaison devient, une dernière fois, bien instructive.

Il a été déjà démontré par le docteur Bertillon que les suicides et les divorces tendent à suivre une marche parallèle [22], et que les deux courbes peuvent à peu près se superposer. L'un et l'autre traduisent-ils l'influence de communes misères ? C'est indubitable ; mais l'un des deux, c'est-à-dire le divorce, influe-t-il de son côté sur le suicide ? On ne peut guère en douter non plus, et voici les raisons que les faits nous fournissent. On fut surpris, il y a quelques années, de voir tout d'un coup diminuer le nombre des divorces. Ce à quoi on ne fit pas attention, c'est que le nombre des suicides diminuait aussi, et dans des proportions à peu près égales [23]. Pour quelles raisons les divorces avaient-ils diminué, pendant une période bien courte, il est vrai ? On pouvait invoquer une partie de celles qui, plus haut, nous ont expliqué la diminution passagère du crime à ce même moment. Mais il y en avait une autre : c'était la diminution accidentelle qui s'était produite dans le nombre des mariages célébrés antérieurement et qui avaient dû arriver alors à la période reconnue comme la période critique, autrement dit à celle où, — d'après les faits, — les causes de dissolution l'emportent moins difficilement sur les causes de stabilité [24]. A moins de mariages devait correspondre moins de divorces, et c'est ce qui eut lieu. Mais les divorces ne tardèrent pas à reprendre : les suicides les suivirent, de même qu'ils avaient baissé presque aussitôt après que les divorces avaient diminué.

Tout ceci, encore une fois, avait été bien entrevu, et si les démonstrations que nous venons de résumer manquaient encore, on avait su en trouver d'autres. Des écrivains distingués pensaient toutefois, — et les confusions de la statistique criminelle les y invitaient, — que le divorce ne pouvait être séparé du veuvage, que l'un et l'autre subissaient les mêmes fatalités sans qu'on put incriminer celui-là plutôt que celui-ci. Eli bien ! d'après l'analyse des suicides tout au moins, la confusion n'est pas possible. En 1905, sur 3 252 353 veufs, il y a eu 1 908 suicides, soit 57 sur 100 000 ; sur 85 970 divorcés, il y a eu 214 suicides, soit 237 sur 100 000. De 57 à 237, l'écart est significatif.

Je ne prétends pas qu'on en doive supposer un semblable dans la sphère du crime proprement dit ; car souvent le suicidé, il n'y a pas à le nier, ne se tue que parce qu'il ne veut attenter ni à la vie, ni à la propriété, ni à l'honneur d'autrui. Mais enfin ni la crainte, ni le souvenir d'un veuvage n'excitent les sentiments si dangereux qu'avivent l'idée, le projet, la préparation volontaire et les conséquences inévitables d'un divorce. Transformation d'un amour ancien en une haine non moins vive, — car souvent persiste sous la seconde forme, si différente, une égale violence et un égal aveuglement, — exagération imaginaire de tout ce dont on croit avoir à se plaindre, besoin de justifier n'importe comment le désir de la rupture et parti pris de la rendre irréparable par les griefs mêmes qu'on donne contre soi, tout cela ouvre une brèche par où passent bien des suggestions criminelles ne demeurant pas sans effets.

* * *

Il nous reste à résumer les données que ce coup d'œil sur l'heure présente nous révèle.

Incontestablement la criminalité est en augmentation [25].

Cette augmentation n'est pas un fait inévitable et fatal, ni la rançon obligatoire et forcée des progrès de la civilisation dans la seconde moitié du XIXe siècle, car elle a été suspendue à certaines époques, dont deux sur trois au moins sont signalées par la vigueur et non par l'affaiblissement de la vie nationale.

Il faut néanmoins, dans la troisième de ces périodes favorisées, démêler ce qui était dû à un affaiblissement systématique de la répression, et ce qui était dû au développement d'œuvres sociales et charitables ; car celles-ci n'ont pu être arrêtées dans leur essor par l'action de la politique, sans que l'accroissement de la criminalité reprit immédiatement son cours.

Ce qui est non moins saillant que le développement de La criminalité, c'est la transformation de plus en plus accentuée du crime grossier, facilement attribué à l'ignorance et à la misère, en une criminalité d'apparence trompeuse, courant après le superflu, appelant à elle les déclassés de toutes les sphères.

Sur le fond de celle criminalité d'allure moderne, profitant plus vite que la police et que la justice des inventions les plus ingénieuses, reparaît d'ailleurs et grandit à nouveau une criminalité violente et sauvage, pleine de ce mépris de la vie humaine qu'on retrouve dans les progrès parallèles du suicide.

Ce mélange d'adresse et de violence, de ruse et d'audace a pour conséquence une impunité croissante, et les pouvoirs publics ont de plus en plus de peine à découvrir les délinquants.

Cette criminalité enfin est de plus en plus précoce, et cette précocité tient à un affaiblissement des liens de famille, auquel le divorce prend une part toujours grandissante.

Sont-ce là, dira-t-on, toutes les données d'un tel problème ? Que faites-vous des données fournies par l'organisation individuelle ? Je ne les nie pas. Mais, outre qu'on est bien obligé de circonscrire chacune de ses Études, voici ce que je répondrai.

Assurément, quiconque veut s'orienter dans ces problèmes et arriver à des conclusions claires, doit être convaincu qu'il n'est point d'auteur d'un acte criminel qui n'ait agi dans des conditions extrêmement complexes. Que le juge et l'avocat les débrouillent, s'ils le peuvent ! Ils y trouveront les conditions physiologiques de sa conformation et de son tempérament, les conditions physiques du terroir où il a grandi, de la saison dans laquelle il a été plus violemment tenté : ils trouveront les conditions sociales que lui faisaient sa richesse ou sa pauvreté, la densité ou la rareté de la population qui l'entourait : les dangers de sa profession viennent ensuite.

Mais qui donnera jamais la formule de l'équation ? Qui précisera les conditions de toute nature qui, par leur nombre, par leur mode de groupement, leurs réactions mutuelles, équivalente un penchant irrésistible au crime ? Ce qu'il importe de se rappeler en face de ces difficultés, ce sont deux vérités dont l'une nous commande un souci vigilant de la répression nécessaire, dont l'autre nous convie tous au sentiment de notre responsabilité personnelle et à la pitié envers ceux qui ont failli. Prenez un homme quel qu'il soit, vous pouvez être convaincu qu'il y a en lui des tendances contradictoires, car nous en portons tous en nous dès la naissance. Soyez convaincu de plus que, dans les circonstances extérieures, il y aura toujours quelque chose de nature à encourager successivement les unes et les autres. Soyez convaincu que si la laideur a ses périls, la beauté a les siens, que si juillet a ses tentations, janvier a les siennes, que si la pénurie des récoltes peut compromettre l'intégrité morale de beaucoup de gens, l'abondance et le bon marché des denrées risquent de la compromettre encore davantage. Sans proscrire en aucune façon ces recherches très intéressantes, il en est une plus importante de beaucoup, c'est celle qui étudie les conditions sociales que la vie collective d'un pays fait à ces individualités toujours difficiles à débrouiller, même pour elles, toujours fragiles, toujours en peine de se tenir debout.

Parmi ces conditions, il en est qui dépendent du public, des honnêtes gens et de ceux qui ont à cœur de mériter ce titre ; il en est qui dépendent du pouvoir.

Les « honnêtes gens » ont à se dire que les criminels ne sont pas tous dans les prisons et que, parmi ceux qui y sont, beaucoup sont sans doute victimes des excitations, des exemples, quelquefois des injustices de ceux qui n'y habiteront jamais. Ils ont à se dire que c'est n'être arrivé qu'à une justice imparfaite et n'avoir que des droits incomplets à réclamer la punition du coupable, que de n'avoir fait aucun effort pour le préserver, que de n'en faire aucun pour le redresser et le réhabiliter.

Quant aux pouvoirs publics, leur devoir est double. Ils ont à assurer aux influences moralisantes, aux œuvres de patronage et d'assistance toute la liberté nécessaire. Ils ont ensuite à exercer la répression avec vigilance et fermeté. Si le délit se reprend à augmenter, si l'alcoolisme l'entretient et le développe, pour ainsi dire, indéfiniment, n'est-ce pas parce que le pouvoir, affaibli pour le bien par l'incohérence de ses compromissions, incline de plus en plus à abdiquer ses vrais devoirs ? De là, dans ce qu'on appelle proprement « la justice, » fléchissement, incertitude, doute universel, absence de courage pour résister ; car on ne sait plus à quoi et au nom de quoi on a le devoir de résister.

Notes

1.   Elle a été introduite beaucoup plus tardivement dans les autres États.

2.   A partir de 1905, le chef si méritant de la statistique criminelle française, M. Maurice Yvernès, digne héritier de la science et des traditions paternelles, modifie ces méthodes. Il va mettre les comptes criminels mieux à même de refléter le

mouvement complet de la criminalité de notre pays. Mais les comparaisons que le tableau de 1905 et les suivants seront de nature à permettre ne pourront avoir toute leur valeur qu'après une série d'années un peu prolongée.

3.		Voyez mon livre la Belgique criminelle, Paris, Lecoffre, in-12.

4.		Je ne parle pas d'autres mesures qui resteront l'honneur de ceux qui les ont inspirées, comme la loi de sursis, destinée à être le salut des délinquants accidentels n'ayant commis qu'un unique méfait.

5.		Voyez Assistance et Répression dans le numéro du 1er septembre 1905.

6.		Dans celles où ne comptent que les délits jugés, non les délits signalés.

7.		Sur toutes ces assertions contradictoires, voyez le Crime, Paris, L. Cerf, 1 vol. in-12.

8.		 Et combien ne peuvent pas lui être déférés, quoique certains !

9.		C'est par là que dorénavant va débuter la nôtre.

10.		Sans invention utile, sans organisation industrielle.

11.		Et encore faudrait-il tenir compte de ceux qui, au rebours de ce que prétendent certains criminalistes, ne donnent lieu qu'à une réclamation civile. Ainsi les disparitions de colis postaux ou les arrivages de colis postaux incomplets ne donnent lieu généralement qu'à leur remboursement vite obtenu de la Compagnie.

12.		Le département de la Marne ne compte pas, il s'en faut, parmi les meilleurs.

13.		Ils ne sont point donnés au hasard ; chaque fois qu'un suicide est signalé, il faut savoir s'il n'y a pas eu crime, et alors les recherches sont sérieuses.

14.		Ce compte est distinct de celui des suicides qui suivent immédiatement un assassinat, un meurtre…

15.		Le ressort d'Aix ne figure point dans ce groupe, — où d'ailleurs les ressorts cités sont comparés à eux-mêmes et non aux autres ressorts. — Mais si on mettait à part la ville de Marseille, on y signalerait un mal qui va certainement en empirant. Des informations officielles, devançant la publication du Compte général, nous apprenaient récemment qu'en 1906, sur 12 000 poursuites de ce genre, on a dû en abandonner 4 000 pour impossibilité de découvrir les auteurs.

16.   On a même pu voir qu'on attribue souvent un affaiblissement de criminalité à une mauvaise récolte, un accroissement à une bonne.

17.   Je dis présentement, les conditions morales de la vie publique étant données. Je ne prétends nullement que ce soit là une loi dont il faille tirer comme conséquence la nécessité de la pauvreté. On peut très bien concevoir, il faut même concevoir, — pour le réaliser, — un état de choses où le progrès du bien-être aille de pair avec l'accroissement de la moralité. Des socialistes supérieurs à l'ensemble de leur parti sont bien de cette opinion, car ils se préoccupent sérieusement de la moralité de leurs adeptes ; seulement, ils croient que l'accroissement du bien-être suffit pour amener l'autre. Là est l'illusion. Voyez la Belgique criminelle.

18.   Le nombre des débits de boissons s'est élevé de 461 967 en 1903, à 468 967 en 1905, soit une augmentation de 7000. — Est-il nécessaire de reproduire encore d'autres chiffres qu'on retrouve partout ? La consommation des spiritueux, qui était de 365 182 hectolitres en 1830, est arrivé à 2 millions en 1904. En vingt ans, de 1884 à 1904, la consommation spéciale de l'absinthe a passé de 49 534 hectolitres à 201 027.

19.   Sous condition de mesures bien comprises et d'une exécution irréprochable.

20.   Proportionnellement à leur nombre dans la population totale.

21.   Nous ne pouvons pas donner ici la comparaison des chiffres absolus de la criminalité des mineurs de seize à vingt et un ans en 1905 avec les chiffres absolus de cette même criminalité dans les années précédentes. La méthode de compter n'est plus la même. On dénombrait autrefois les jugements : on dénombre aujourd'hui les infractions individuelles. Il n'y a que plus lieu de faire attention aux relations qu'on nous donne pour la première fois : elles devront servir de point de départ pour les comparaisons ultérieures.

22.	M. Durckeim y insiste dans son livre sur le Suicide, Paris, Alcan, in-8.

23.	En 1898, il y avait en 8 100 divorces et 9 428 suicides. En 1900, il n'y avait plus que 7 157 divorces et 8 812 suicides. Mais en 1905, nous remontons à près de 12 000 divorces et à 9 400 suicides. Les divorces ont commencé à remonter en 1901, les suicides seulement en 1903.

24.	Voyez mon livre : la Corruption de nos institutions, Paris, Lecoffre, in-12. Huit années avant cette baisse subite et momentanée des divorces, il avait été célébré 30 000 mariages de moins.

25.	On sait d'ailleurs à quel point elle a augmenté dans d'autres pays.

ISBN : 978-1981634392